KB211017

나의 숨결이 당신을 향한
고백이 되다

나의 숨결이 당신을 향한
고백이 되다

오은정 지음

• 당신께로 젖어드는 나의 속삭임 •

좋은땅

추천의 글

"내용은 형식에 담고 마음은 표현에 담는다."는 말이 있습니다. 시인은 절대자를 향한 애절한 사랑의 마음(내용)을 시적 이미지와 언어에 담아 멋지게 표현하고 있습니다. 여전히 절대자에 대한 첫사랑을 잃지 않고 있는 순수함, 진실함, 그리고 먹먹함이 묻어 있는 시이고, 노래이고, 신앙 고백이어서 제 영혼이 정화되는 것을 느낍니다. 그분과 나누었던 아름다운 첫 사랑의 시절이 빛바랜 추억이 아니라 현재적 누림이 되기를 원하는 모든 분들에게 강력히 추천하고 싶습니다.

(백석대학교실천신학대학원 이우제원장)

행간에 불어오는 하나님의 입김을 봅니다. 조용하고 은밀한 속삭임으로 하나님을 기다리는 시인의 겸손, 그리고 꼭 쥔 다짐의 주먹이 시의 쉼표마다 단단하게 나타납니다. 주 앞에 노래하듯 시인의 고백이 이어집니다. 그리고 시인의 찬미와 주님의 아름다움 앞에 무릎 꿇습니다.

(숭실사이버대학교 기독교상담복지학과장,
상담전문가 이호선 교수)

작가 서문

나의 숨결이 당신을 향한 고백이 되던 날. 당신께로 젖어 드는 나의 속삭임으로 당신에게서 나를 읽습니다. 나의 주님 되신 당신이 계시기에...

오선지의 한 줄 한 줄 선율을 타고 밀려오듯 당신을 바라봄이 내겐 감격과 떨림으로 다가섭니다.

나의 이 고백이 또 다른 통로가 되어...

제가 만난 소중한 주님이 이 시집을 읽으시는 여러분의 주님이 되시길 간절히 소망해 봅니다.

목차

나 오늘 여기에

주님!
나 오늘 여기에 있습니다

주님의 말씀을 사모하는
바람꽃 되어

결코

흔들거리나
꺾여지지 않는
바람꽃으로

오직 주님을 사모함으로
나 오늘 여기에 있습니다

하늘을 향해

하늘을 향해
주님의 이름을 불러 봅니다

나를 사랑하사
아낌없이 물과 피를 쏟으신 주님을...

한참을 울다가
주님이 붙들어 주심으로 일어나

또다시
주님의 얼굴을 구합니다

나를 사랑하사
나의 눈물을 닦아 주시며 안아 주시는...

그분이
바로 나의 주 예수 그리스도이십니다

참말로 사랑합니다 주님

사모함으로

주님을 사모함으로
나의 눈물이 주님의 강단을 적시우고

주님을 사모함으로
나의 눈물이 주님의 강단을 꽃피우며

주님을 사모함으로
나의 눈물이 새 생명으로 피어나게 하옵소서

우리 주님을 사모함으로
내가 여기 있나이다

오 주 예수여!

간절히 원하고 원하오니
어서 오시옵소서

바라봄으로

주님
오늘도 주님을 바라봄으로 섭니다

주님이 너무도 좋아서
주님께로만 향하는 나의 눈동자가 되게 하시고

주님이 너무도 좋아서
나의 온 마음이 주님을 향하게 도와주시옵소서

오늘이라는 날에
주님을 송축하게 하심을 감사하고
이전에 없었던 새 노래로
주님을 찬양하게 하심을 감사합니다

주님 너무나 사랑합니다
나의 이 고백 하늘 보좌에 닿기를
소망합니다

오! 주님

나를 향한 그 크신 사랑에 오늘도

감격하며 살아갑니다

오! 주님

내 영혼을 소생시키사

나로 주님을 경배하게 하시니

감사합니다

끝없는

찬양으로 주 앞에 나아갑니다

끝없는

사랑의 고백으로 주님의 보좌를 바라봅니다

내 사모하는 주님을...

그리스도의 향기

내가 너를 안다 말씀하시는 주님

내가 너를 품었다 말씀하시는 주님

이 아침을 새롭게 하시니
감사합니다

주님 말씀하심으로
내 영원히 주님 앞에서 쉼을 얻습니다

"나의 사랑하는 자요 나의 어여쁜 자요 일어나
나와 함께 가자"

주님의 어여쁨의 신부가
내가 되게 하심을 감사합니다

말로 다 할 수 없는 한량없는 주님의 사랑하심이
오늘도 나를 이끌어 주십니다

메마른 나의 삶 속에

주님이 찾아와 주셨고

그 메마름이

이제 예수 그리스도의 향기가 되어 일어납니다

주님 사랑합니다

주님을 향한 목마름으로

주님을 향한 목마름으로
말씀이 능력 되어 일어서게 하시고

내 안의 울림으로 말미암아
내 영혼이 주께 속하게 하옵소서

주님을 향한 목마름으로
하늘 보좌를 향한

나의 찬송이 닿게 하시고
내 마음의 고백 되어

어린양의 신부로 서게 하옵소서

주님을 향한 목마름으로
주님의 기뻐하심 가운데

내가 있게 하시고

그 기쁨으로 인하여

주 앞에 온전히 나를 드리게 하옵소서

마지막 한 순간까지

주님

주님의 부르심에 순응하여

주님의 제자들이 걸어 왔던 그 길 끝에서

나의 이름을 부르신다면

나는 단단한 각오로 주님의 뒤를 따르겠지요...

그 단단함이

기쁨이 되게 하시고,

믿음이 되게 하시고

선례를 뒤따라가는 거룩한 삶으로

이끌어 주시길 소망합니다

그 길 끝에서

주님께서 나를 바라보시는

눈동자의 깊이 안에 흘리신 눈물을 읽게 하시고

그 읽음이 나의 가슴에 새겨

나 또한 주님의 눈동자를 끝없이 흠모하는

주님의 종으로 서게 하옵소서

나의 발걸음이

닿는 곳마다 그리스도의 향기로 물들게 하시고

나의 손이

닿는 곳마다 병든 자가 치유되게 하시며

나의 입술의 선포가

닿는 곳마다 죽은 영혼이 되살아나게 하옵소서

그리하여

그날에 우리 모두가

주님을 온전히 송축하게 하옵시고

주 앞에 기쁨으로 춤추게 하옵소서

아! 참으로 그날이 꿈꾸어집니다

나의 눈물과 이 땅의 고난의 훈련이

참으로 기쁨이 되는 나의 마지막 날에

나는 주님 품에 안기어 실컷 울고

주님 품에서 웃고

주님의 떡 상에서

주님과 함께 힘껏 즐길 테니까요

오! 주님

참으로 주님이 보고 싶습니다

나의 오늘이라는 날에...

내 사랑하는 자여

내 사랑하는 자여

내가 너를 얼마나 사랑하는 줄 아니

나는 어린아이라 아버지의 사랑을 다 담지 못하나이다

내 사랑하는 딸아

내가 너를 얼마나 사랑하는 줄 아니

주님의 그 사랑하심을 종이 가슴에 다 담지 못하나이다

내 사랑하는 딸아

내가 너를 얼마나 사랑하는 줄 아니

나의 아버지

나로 아버지의 사랑을 품게 하시고

그 사랑 안에 영원토록 머물게 하옵소서

기다림으로

주님
눈을 감아도 온통 주님 생각으로
눈을 떠도 온통 주님의 말씀으로
나를 채워 주소서

주님밖에
나의 산 소망이 더 채워지지 않도록

주님의 생각이 가득함으로
주님의 마음을 갖게 하시고
주님의 말씀의 거룩함으로
주님의 말씀이 말씀 되게 하사

나의 안과 밖이
주님의 심오함으로
주의 백성을 바라보게 하옵소서

나의 연약함을 주께서 아시오니
오직 주님으로만 채워지는 정결함으로
꽃피우게 하옵소서

주님이 너무 좋아서
그 안에 거하게 하시고
주님이 너무 좋아서
나의 삶이 거룩함으로 드려지게 하옵소서

오직 내 주님 앞에서...

나의 사랑 어여쁜 자여

나의 사랑 어여쁜 자여
일어나 함께 가자

아침에 눈을 떠
나지막한 목소리로 나의 사랑하는 주님을
불러 봅니다

"나의 사랑 어여쁜 자여
일어나 함께 가자"

주님의 그 부드러운 음성에
나의 영혼의 심장이 오직 주께로만 향하여
조용히 무릎 꿇고 읊조립니다

"나의 사랑 어여쁜 자여
일어나 함께 가자"

주님의 온 마음이 나를 향해 있듯

나 또한 주님의 그 사랑을 향해 기대어 있습니다

나의 영원하신 주님 앞에

신부들의 합창

할렐루야
우리 주님을 찬양합니다

주님
우리들의 찬미가
주님의 기뻐하심의 발로가 되어
뛰어 춤추게 하옵소서

위로부터 내리우시는
기쁨의 향연에 흠뻑 취하게 하사
주님의 기쁨이 우리의 기쁨 되게 하옵소서

그 기쁨이 고백 되어
매일의 한 날을 이긴 자의 삶으로
살아나게 하소서

이긴 자가 살아나니
삶이 빛나 주님 오심을 예비하게 하옵소서

그날에...

주님 품에 안기어

한껏 기쁨의 눈물을 누리게 하옵소서

고백

"주 여호와는 광대하시도다"
주님의 이름이 높여집니다

어린양의 작은 신부가
주님을 찬양합니다

목이 메이도록
주님을 찬양하다 눈물의 샘이 솟아나
기쁨의 화관 되어 날개를 폅니다

한참을
주님을 부르다 하늘 보좌를 향해
내 눈을 들어 보니

주님의 측은지심이
나를 향해 있으십니다

아아
오직 주님만으로 목메이게 하옵시고
오직 주님만으로 갈급하게 하옵소서

내 주님을 사모하고
사모합니다

올림

감사로 제사를 드리는 자가
나를 영화롭게 하나니
그의 행위를 옳게 하는 자에게
내가 하나님의 구원을 보이리라 (시50:23)

아멘 아멘
진실로 나의 작은 감사의 올림이
하나님을 영화롭게 함으로
하나님께 드림이 된다면
그 또한 내 인생에 온전함으로
나아가게 하옵소서

주의 구원하심이
내 삶에 평안의 복으로
샬롬 가운데 거하게 하옵소서

주님의 평안이 내게 머묾으로
내가 주 앞에서 안전하오며
꽃사슴과 같이 주 앞에서 뛰놀리다

아 아

내 주님을 알현함으로

내 기쁨이 주 앞에 온전함으로 있나이다

오직 내 주님 앞에서

아련함

주께서
아련하심으로 오늘 나를 품으시고
주께서
아련하심으로 오늘 나를 안으셨습니다
주께서
아련하심으로 오늘 나를 세우셨습니다

주님의 그 아련함의 깊이를
종이 알 수는 없으나

종을 사랑하시는 아련함이
오늘 나로 주님 앞에 있게 하셨고
있게 하시며
영원토록 주님 앞에 있게 하실 것입니다

나의 생명 호흡이 주께로만 있사오니
이 생명 또한
주님께서 내게 호흡을 부어 주시지 아니하면
내가 살 수 없나이다

아 아

영원토록 주님 앞에 아련함의 사랑이 되어

주님을 흠모함으로 서게 하옵소서

권징

주께서 내게 말씀하시며
권징으로 깨닫게 하시니
내 삶이 주님 앞에 있음을 고백합니다

주께서
나를 사랑의 눈으로 바라보시며

내게 마음을 주시고
나를 깨닫게 하시니
그 은혜가 내게 복되므로 내가 주 앞에 고백하나이다

나의 평생에
주의 보좌의 그 눈물을 잊지 않게 하시고

예수 그리스도의 의로 말미암아
거룩함의 길을 내딛게 하옵소서

주님의 권징이

내 삶에 의로움으로 나를 이끄시니

내가 주 앞에 있나이다

참으로 나는 주의 자녀임이니이다

분초의 고백

주께서
아침마다 종에게 깨닫게 하시고 알게 하시고
주께서 행하게 하심을 감사합니다

나의 모든 행위가 주 앞에 순전함이요
그 순전함마저 주께로서임을 고백하나이다

나의 분초의 고백이 주님 앞에 있게 하시고
주님과 동행함의 축복의 길이 내 앞을
떠나지 않게 하소서

주의 의로우심으로 나를 덮으시니
내가 주 앞에 해맑은 자가 되나이다

주께서
내 오른손에 장수와 부귀로 채워 주시며
나의 모든 필요를 채우셨나이다

너는 나의 것이라

내가 너를 싫어 버리지 아니하셨다 말씀하시니

내가 주 앞에

어린 자로서 항상 서 있나이다

종의 평생에

주 앞에 순전함으로

주님 바라보는 눈으로 살아 내게 하옵소서

새벽녘에

주께서
사랑의 입맞춤으로
새벽에 나를 깨우시니

주의 말씀이 송이꿀보다 달음은

주의 말씀이
나의 영혼의 생명을 심히 윤택하게
하시나이다

내가
즐거움으로 춤추나니
주께서
나로 즐거움으로 춤추게 하셨나이다 (시63:3-8)

풀

주의 손이 나를 붙잡으시니
풀 같은 나의 인생이
주의 기운으로 마르지 아니함이요

주의 은혜로 내게 자비를 베푸시니
그 풀잎마저 온통 영롱함이라
이는 주께서 사랑하시는 자의 몫이라

주의 가슴이 나를 품으시니
그 아침을 맞는 자의 소생은
날마다 주 앞에 곡조로 올려지나이다

주께서
나의 음성마저 기쁨으로 담으시니
실로 내 잔이 주 앞에 넘실넘실 춤추나이다

서원

주께서
종의 마음에 서원을 주심은
주께서 나를 받으려 하심이니

주여!

나로 하여금
주 앞에 서원을 지킬 만한 마음과
지혜와 힘과 건강을 허락하사
종이 온전함으로 주 앞에 서게 하옵소서

나는 오직 주의 것이오니
오직 주만을 바라보나이다

그러므로
주께서 나의 허물을
유념치 아니하시니
주의 인자하심으로 나를 긍휼히 보심이로다

이 또한

주 앞에 있음이요

나의 약함이 주 앞에 강함이 되어

오직 주님만 찬송하나이다(시65:1)

향연

주께서
돌보심으로

주의 날에
즐거움을 더하사

온 만민이
주 앞에 혼심으로 뛰놀며
주께로 향기를 발하게 하사
그 향 또한 주 앞에 머묾이 되나이다

그 향연의 깊음이
주 앞에서 거룩함이요

주께서 거룩함으로 덧입히사
나로 주 앞에 전심으로 찬송하게 하셨나이다

나의 찬송 또한 주 앞에

온전한 향연 되어

주의 기쁨이 되어 나로 즐거웁게 하셨나이다

오직 주님 앞에서(시65:9-13)

왕께 만세

왕이신 나의 하나님
내가 주를 높이나이다

주께서
나를 나의 어머니 모태로부터
택정하시고,

오늘날까지 주의 섭리 가운데로 이끄셨음을 고백하오니

내가
주를 말미암아 살고 호흡하나이다

나의 모든 숨과 호흡이 주께 있음이요

이로 인해

내가 종일토록 주를 찬양함으로
내 영혼이 주로 말미암아 쉼과 평안이 있으니

종일 읊조림의 고백마저 감사함으로

주께로 올려지나이다

주께서 내게 베풀어 주심이 얼마나 감사한지

내 영혼이 종일토록 주를 송축하나이다

참으로 주는 나의 소망이시며

나의 하나님 아버지이시나이다

주의 도의 열심

주께서
나의 부르짖음의 소리를 들으사
나를 구원하셨으며

내 영혼이 주를 사모하게 하사
주를 우러러 보게 하셨나이다

주께서
나의 환난날을 돌아보사
그 기한의 연수를 짧게 하사
주를 알게 하시고 경배하게 하셨나이다

주께서
내 육신의 연약함의 수고를 기억하사
주의 도로 나를 가르치시니
주밖에 내가 사모할 자 누구이리이까

주께서

인자와 긍휼을 내게 베푸셨으니

내가 여호와의 궁정에 영원히 거하리로다

아멘 아멘

오직 내 주 앞에

주여

주의 성령께서 가르치지 않으시면
내가 우매자 가운데 있어
주의 숨결을 알지도 깨닫지도 못하나이다

주께서 나의 모든 날을 계수하사
주의 목전에서 행하게 하옵시고

주의 긍휼로 인해
나의 모든 죄를 도말하사

주의 안식처에 영원히 거하게 하셨나이다

주께서
나의 모든 눈물을 닦아 재의 화관이
기쁨의 화관되어

주께 화목제물로 드려지니

오직 내가 주 앞에 있사옵나이다

오직 내 주 앞에

사랑

주께서
나의 작은 신음에도 응답하시며
외면하지 아니하시고

나의 오른손을 잡아 끌어 주시며 세우시니
내가 종일 주님 앞에 있사옵나이다

주는 나의 요새시요
내 영혼의 구주 되심을 고백합니다

주께서 나를 취하사
주의 날개 그늘 가운데 나를 품으시고
내게 말씀하시니
나의 모든 두려움이 내게서 사라지나이다

내가 주님을 온전히 신뢰함이니
이는 주밖에 나를 아실 이 없음이니이다

날마다 주의 궁정에서

나의 노래가 주의 기쁨이 되어

올려지나니

나를 심히 흡족히 여기셨나이다

내 영혼이 주의 사랑에 젖어

비록 육신의 작은 자라 할지라도

나 또한 주를 사랑하기를 간절히 원하고 원하나이다

내 주님의 전에서

은총

주님

주님의 거룩함 앞에 무너지고 무너져

고운 가루와 같이

주님의 호흡과 하나 되길 소원합니다

내 눈물이 주앞에 보여짐은

주께서

나를 사랑하심이 심히 크사

나를 가장 높은 곳에 올려 안전하게 하셨나이다

주께서

주의 오른손으로 나를 감싸 안으시고

전능자의 숨결로 나를 품으시니

내가

나의 높은 곳에서 주를 우러러보나이다

주의 사랑하심과 보호하심이

어찌 그리 크신지요

내가 종일 주를 노래하여도

부족함 밖에 없으니

주를 향한 찬가가 온 세상을 두루 덮나이다

바람 한 점 나부끼는 한 날에

주께서
한 날의 기쁨으로
나로 감격의 눈물로 가슴에 맺히게 하시고

내 곁에 스치는
바람 한 점마저

성령의 스치심으로
거룩함의 옷을 취하게 하시며

그의 호흡으로 내 영혼을 만족하게 하셨나이다

나로
주 앞에 애씀으로 달려가지 않아도

주께서
나를 어여쁘게 여기사

나로

주로 인한 기쁨을 누리게 하시고

그 기쁨이

주 앞에 나의 고백 되게 하셨나이다

주 앞에서

그 한 날이 나의 숨이 되고,

호흡이 되어

주 앞에 영원히 거하리이다

주의 은혜라

주의 은혜가
나의 목전에 있사오니
주께서 나를 싫어버리지 아니하심은

주께서 나를 땅끝에서 붙드셨음이요
땅 모퉁이에서 부르셨음이라

주께서
내게 너는 나의 벗이라
친근히 말씀하시니
내 가슴이 뛰며 그 설레임이
주 앞에 뛰노는 암사슴 같음이라

주께서
나를 택하심이요

나의 하나님께서 나의 아버지가 되셨사오니
실로 내가 두려워할 것이
세상에 하나도 없음이니이다

주의 오른손이 나를 붙드시고
나를 굳세게 하시니
내 허리를 세워
주 앞에 무릎으로 순종하게 하시나이다

내가 영원히
찬송 부르실 이 앞에 섬이요
주의 말씀이
날마다 나를 감싸 안으시나이다

할렐루야
주의 이름이 영원히 찬송받으시나이다

여호와의 의

열방의 빛이요
나의 구원자 되신 하나님 아버지

주의 의가 나를 붙잡고
나를 보호하심이 특심하심이요

그 사랑하심이 만국보다 더 크사
나를 세워 언약의 소망을 주셨으니

오직 나와 내 집이 주 앞에 든든히 서감은
주의 은혜요 은총이라

주의 의가
나를 부르셨음이요

나의 미천함을 돌아보사
나를 복되게 하셨나이다

내가 여호와의 빛으로 나아감이요

주의 말씀 가운데로 나아가니

온 민족이 온 열방이

우리 주께로 나아옴이니이다

오직 홀로 주님께서만 영광 받으소서

우리가 온 마음과 온 힘으로 외치리니

오직 주 밖에는 우리의 구원자가 없으리로다

아멘 아멘

따스한 주의 손길

주의 기억하심이
나로 주를 사모하게 하시옵고

따스한 주의 손길이
나의 온 마음을 녹이시며

나로 주의 손 그늘 안에
안식을 누리게 하셨나이다

주의 날렵하신 손길로
나로 주의 화살되게 하사

주의 화살통에 고히 감추이셨다가
때가 차매 주의 용사 되게 하시나이다

주의 말씀이
온 세계를 덮으시니

온 천하가 주의 이름을 알므로

나의 주를 송축하나이다

나의 예수님

오 나의 예수님
주의 이름을 불러 불러도

내 작은 가슴이
너무나 벅차
주의 거룩한 이름을 다 담을 수 없나이다

주께서
내게 행하신 그 사랑하심이
나를 보배롭고 존귀한 자같이 여기사

주께서 홀로
고난의 잔을 몸으로 다 마시셨으니

내가
주 앞에 무엇으로 설까

주께서 상한 나의 영혼을
스올로 내려 보내지도 아니하시고

주의 깊음의 지식으로 품으시고
내게 입 맞추사 주의 말씀에 거하게 하셨나이다

내 눈에 눈물이 가득함으로
주의 가슴에 묻혀 주를 바라봄을

주께서 흡족히 여기사
나를 주의 것이라
내게 친숙한 말씀으로 속삭이시나이다

주의 거룩하신 숨결이
나를 감싸 안으심이요

주의 거룩하신 영으로
날마다 깨닫게 하시니

내가 주의 그늘에 영원히 거하리이다

묵상

아침에 주께서 나를 깨우사
주의 말씀의 법도로 나를 살리시니

거룩한 금식의 때를 알게 하시고
주의 안식의 거처를 사모하게 하셨나이다

주께서
나의 앉고 일어섬을 보심이요

주의 날을 복되게 하사
존귀함을 알게 하시니

내가 주의 법도를
참으로 즐거워하나이다

내가
누워서도 주의 말씀을 사모함이
내게 베푸신 주의 은혜라

주께서

나를 나의 높은 곳에 두시고

주의 음성을 가까이 주셨사오니

나의 마음이 주 앞에

심히 떨리움은 사랑하는 자 앞에

내가 섬이니이다

주의 열심으로 나를 일깨우시니

내가 오늘날까지 주 앞에 영원히 거하리이다

시선 강탈

주께서
나를 부르셨습니다

내가 땅끝에서 너를 붙들며
땅 모퉁이에서 너를 부르고
너는 내 것이라 내가 너를 택하여
열방의 선지자로 세웠노라

네가 너를 네 어미의 태에 조성되기 전에
내가 너를 알았고 너를 구별하였노라

주님
나의 온 마음이
나의 온 시선이 온전히 주께 고정되게 하옵소서

단 한순간도 사단에게 내어 주지 않도록
나를 주의 것으로 사로잡아 주시옵소서

나는 주의 것이오니

나를 주께로 옭아 매소서

나의 시선과 온 마음이

주께로 강탈되어지도록

나를 강하게 붙잡아 주시옵소서

나는 주님의 것이오니

메마른 가지에 주께서 싹이 피어나게 하사

오직 주의 말씀을 받아

일어나게 하소서

나를 불쌍히 여기소서

내게 긍휼을 베푸소서

주님의 거룩하신 성령께서

나와 함께 하심에

내가 조금도 흔들리지 아니함으로

주께로 시선이 강탈되도록

오직 주만으로 만족하게 하시옵소서

실로 주께서 나를 열방의 선지자로 세우셨나이다

긍휼하심으로

나의 아버지 내 하나님이시여
우리의 죄악의 만연함으로

우리를 주의 진노 중에서 멸하지 아니하시고

오히려 주께서 돌아가기를
원하시고 원하사

그 뜻을 돌이켜
우리로 주 앞에 나오기를 원하시는 바

우리가 주 앞에
나아가기를 소망케 하셨나이다

진노 중에서도
우리에게 긍휼을 베푸사
그 길에서 벗어나게 하시고

주의 은혜와 사랑을 베푸사

우리를 주의 손으로 지키시고 지키셨나이다

나의 아버지 나의 하나님이시요

주의 사랑하심이

만국에 달하여 우리가 주 앞에 섬이요

주께서 한 영혼도

버리시기를 싫어하시는 그 마음 앞에

우리가 간절함으로 바람이니이다

아버지의 뜻이

우리의 마음에 닿아

주의 정의와 공의를 사모하게 하시며

그 길의 빠름으로

주의 말씀이

우리의 귀와 마음에 익숙하게 됨이니이다

나의 아버지께서

우리에게 은혜를 주심으로

우리가 주 앞에 나아감이니이다

광풍

주의 광풍이 휘몰아쳐

온 백성이 주 앞에 떨며
주의 낯을 바라보기에

주께서
그 노를 참으사

그의 얼굴빛으로
우리에게 비취시나이다

그 빛이
너무나 영롱하여
내 마음이 감출 바를 알지 못해

주 앞에
살며시 얼굴을 드리우며
주 곁에 다가서나이다

주께서

그 눈빛을 내게 향하사

부드러운 음성으로 나를 달래시며

나의 작은 어깨 위에

주의 손을 드리우셨나이다

나의 온 빛은

주로 말미암았으니

주 밖에는

나를 아는 자 없나이다

내가

주 앞에 소리를 내지 아니하여도

주께서

내 숨소리조차 귀에 담아 두시니

내가

주 앞에 화평 가운데 나아가나이다

눈동자같이

주께서 나를 눈동자같이 여기시니
내 눈이 온전히 주님만 바람이요

내 숨의 모든 말이 진심으로
주를 찾고 찾나이다

내 마음이 기쁨 중에 있음이요

그 기쁨 중에서 주의 말씀을 발견하고
그 앞에 기뻐하였더니

주께서 나의 머리에 화관을 씌우시며
나로 나의 높은 곳을 거닐게 하셨나이다

그러므로 내가 종일토록 주의 문전에서 주님을
하염없이 기다리지 아니하고

주와 함께 날마다 동락하니
내 기쁨이 실로 넘치고 넘치나이다

나의 사는 모든 날을

주께서 영원토록 지키시나이다

아버지

"아버지
불러만 봐도 내 눈에서 눈물이 나요"

저로
아버지의 마음과 아버지의 눈물로
강단에 서게 하옵소서

목회가 나의 삶으로

나를 사랑하시는
그 사랑에 감격하여
그 앞에 서게 하옵소서

주께서 나의 눈물을 받으심이요

주께서 나를 품으시고
나를 어여삐 여기사
내 눈물을 주의 기도의 호리병 안에
기쁘게 받으셨나이다

나를
나의 모든 대적에게서 피할 길을 내사
주의 품으로 품으시니

나의 눈물 또한 주의 한 날에 거룩하게 기억되나이다

주의 말씀으로 붙잡아 주시옵고
주의 권능의 손으로 힘 있게 붙잡아 주시옵소서

주의 거룩하신 날에

주님
오늘도 우리의 이름을 불러 주사

주님과 한마음으로 동역하게 하심에 감사드립니다

우리 주님의 핏빛고을이
우리 가슴에 절절히 심기어져

복음의 나팔수로 초대하시니
우리의 길이 실로 주 앞에 넘치나이다

주의 진리가 우리를 감싸 안으심으로
오직 복음으로 충만함이요

주의 거룩한 부르심의 날에
주의 향기 되어 내 주님 앞에 서니

주의 천군천사가 우리를 마중함이니이다

아멘의 화답이

어찌 그리 보배로운지요

주를 향한 우리의 고백이

주 앞에 온전함으로 섬이니이다

.

내 주님 서신 그 발 앞에

나의 사랑 나의 주님
겨울의 깊은 옷을 입은 이 아름다운 대자연 속에
제가 주님 발 앞에 섰습니다

주님의 향기를 내 코로 숨 쉬듯 느끼며
주님의 아름다움에 나의 모든 시선이 멈추었습니다

오늘 나는 주님을 노래합니다

내 삶의 뒤안길에서
여전히 살아 숨 쉬는 주님의 체온을 느낍니다

차가운 바람 속에서도
나를 감싸 안으시는 주님의 따뜻한 손길이
나를 미소 짓게 합니다

어느 곳 하나

주님의 손길 아니 계신 곳 없으니

내 입술이 주님을 흔쾌히 찬양합니다

주님 사랑합니다

나의 고백함이 주님 앞에 메아리가 되어

주님 가슴을 뛰게 하는

주님의 어린 신부로 살게 하옵소서

나의 심장이

주님의 말씀 앞에 요동칩니다

나를 사랑하사

십자가에 매달리신

우리 주님의 그 사랑에 감격하고 감격합니다

주님을 향한 나의 눈물이

하루하루 주님 보좌에 쌓여

주님의 가슴이 되어 살게 하옵소서

늘 주님 앞에 거룩한 떨림으로

주께서 제게 베푸신 그 은혜 안에

노닐게 하옵소서

나의 사랑 되신 주님의 발 아래서...

고귀함

주의 말씀은 내 발의 빛이요 등이시나이다

주의 고귀한 말씀이
내 마음에 새기어지니

내가 어디에 있든지 해를 두려워하지 않음은
주께서 주의 말씀으로 나를 보호하심이니이다

나의 걸음이 헛 발자욱 하나 없게 하시고
주의 높은 곳을 향하여 나아가나니
내 삶의 어느 한 부분도 거침이 없나이다

오직
나의 눈동자는 주를 앙망하오며
주의 신실함의 구원의 약속이 내게 보증이 되셨나이다

내 마음이 오직 주를 바람이요
주의 마음이 나를 향해 계시나이다

내 품에

아침에 눈을 떠
주 앞에 내 마음을 드리니

내게 다가오신 주님의 마음이
나로 더욱 더 사모하게 하십니다

나의 소근거림이 주의 귀에 닿으니
주님의 가슴이 나의 가슴이 되십니다

하늘의 하얀 송이가
나를 향하여 내 품에 안기우듯

나 또한 그 포근함 속으로 달려가니
주의 큰 품이 나를 감싸 안으십니다

나를 향한 주님의 사모함이
나를 이끄시니
주 밖에 나를 아는 이 없으시나이다

나의 사랑 나의 주님

주 앞에 나의 고백함이 한 날 되어

영원히 주의 곁에 머물게 하옵소서

함박눈이 이처럼 내리우는 날에

황제

주님께서 내게 나오실 때
그 웅장함의 소리마저

내 마음을 설레이게 흔드시고
나의 두 눈이 주님의 발소리에 만감이 교차되어

주를 향한 깊음의 고백이 메아리치게 하시나이다

아득한 주님의 기품에
나의 여린 마음이 주를 흠모하게 하시니

나를 향한 주님의 향긋한 내음이
나의 손을 붙잡으시며
주의 곁으로 이끄시나이다

주님께서 내게 나오실 때
그 부드러움이 나의 숨소리를 멈추게 하고

주님께서 거니심에
내 마음 주 앞에 녹아지니

살포시 주저앉은 나의 무릎마저
아름드리 향내로 주를 맞이하니

주 앞에 노닒이
주의 안위하심으로
내 머리에 화관이 되었나이다

나의 숨소리가
주의 숨소리와 하나 되어

기쁨의 잔을 마시우니
그 열매가 주의 전제가 되어 향연 되나이다

십자가

내 주 예수님
심장이 뛰고 가슴이 벅차
내 눈에 눈물이 흐릅니다

내 고우신 주님께서
날 향한 순결함의 자락이 찢기우시고
온통 적빛 나는 숨결로 물드신 그날에

나의 모든 시선은
주님께로 멈춰 버렸습니다

날 향한 그 고귀하신
눈물이 나의 뺨을 적시우시고

나의 가슴은 먹먹한 채로
오직 주님으로 향한 뜀으로
가득 채워집니다

오 나의 거룩하신 주님

주님으로 나의 심장은 터질 것만 같습니다

오늘 나는 주님과 함께

그 십자가에서

고요한 나라를 꿈꿉니다

내 주의 안전하신 품 안에서

나 고요히 깊은 잠이 듭니다

내 사랑하는 주님 앞에 서는 그날을 꿈꾸며

견고한 사랑하심으로

주님
주님의 견고하신 사랑으로
나를 품으시니

주의 품에 안겨
고백하나이다

나와 함께 살자 하시니
주의 말씀이 내 발의 등이요
내 길에 빛이니이다

주의 말씀으로
나로 일으시키니

내 입술에 주의 말씀이 품어져
빛으로 쏟아지나이다

나의 모든 망령된 행실에서
나를 도려내어

주의 것으로 삼으시니

참으로 좋으신

내 주님 품에 영원히 거하리이다

애달픔으로

내 사랑하는 주님의 음성이
나를 부르시고

그 택정하심이
애절하고도 애절하셔서

주와 함께 있게 하시고
주와 함께 교제케 하시고
주의 동반자로 나를 세우셨네

나로 내 입술에 주님의 말씀을 담아
선포케 하시니
마귀도 놀라 떠나가네

나를 불러주신
주님의 애끓는 심정이

나의 맘 깊은 곳에 닿고도 닿아
나 또한 애절함으로 주의 팔에 기대어 눕네

주님의 감격하심의 소리가
나를 불러내시니

나의 온 마음이 주 앞에 순응의 감격으로
드디어 달려 나가네

나의 영원하신 나의 사랑 앞으로

날 위하여

날 위하여
십자가에 중한 고통 받으사...

주님의 십자가 사랑에
내 가슴이 메어짐에도
그 받은 사랑 표현할 길이 없어
나의 손끝이 떨리나이다

주께서
사랑하는 주의 제자들과
주의 만찬을 간절히 원하시며
손수 내어주신 몸과 그 피를 어찌
감당할 수 있으리요

주님의 애처로우신 그 눈빛이
나를 바라보시오니
주여 나는 어찌하오리까

주께서 나를 찾으시니
숨을 곳도 없고 피할 곳도 없이
주의 눈 안에 가득 채우시니

그 눈물을 어찌 채울 수 있으리이까

주님의 임재하심이
나로 떨리도록 부둥켜 안으시고
내게 힘을 주시오니
내 잔이 넘침이 실로 크시나이다

내 주님
주님은 참으로 나의 주님이시오니
주 밖에는
나를 아는 자 아무도 없음이니이다

주님의
가슴에 숨어 나의 한날 또한 거룩하게
하옵소서

내 주님을 사모하는 그날에

주님의 신실하심이

나를 일깨우시니

나의 이부자리가 주 앞에 눈물로 젖나이다

그 눈물을 담아

다함이 없는 주님의 발 아래 쏟으니

주의 의로움이

나와 연합하시나이다

주와 함께 동거함이

어찌 그리 좋은지요

내 마음이 주 앞에 홀가분하게 서게 하시니

내 숨이

스올에 있지 아니하고

주 앞에 있나이다

나의 사랑하는 주님을 만나고픈
마음이 내게서 간절하게 하시니

아아
이 마음 어찌하오리까

내 주님
가슴에 안겨들 그날을 사모하며
내 벅참으로 주님께 달려 가나이다

내 주님을 사모하는 그날에...

택정

주의 사무치심이
나를 택정하시고

주의 사무치심이
당신을 택정하셔서

우리로
다만 복음을 전하게 하셨으니

주의 간절함의 소망을 담아
어디서나 이기게 하시네

주의 기쁨이
나와 당신의 기쁨이 되어

주 앞에 나란히 걷게 하시니
주의 충만함으로 흘러넘치네

주의 은혜의 손이

나와 당신에게 넘쳐

그 말씀이 확증이 되니

은혜 위에 그 크신 은혜로라

내 주님 만나 뵐 날을

사모하니

그 간절함이 다해

나와 당신의 간절함이 주의 손에서 이루네

날이 갈수록

주께서 날마다 새날을 주셔서
내 눈을 열어 보게 하시니

열린 그 눈이
주님의 숨결을 화답하나이다

나를 향한 주님의 사모하심이
나로 절로 주님을 사모하게 하시니

주를 향한 흠모함이
날이 갈수록

더 깊어짐이니
무엇으로 주 앞에 나아갈까

주의 거룩하심이
나를 덮으시니

그 덮으심으로
내가 주 앞에 온전히 나아가나이다

내 입술의 모든 말이
주 앞에 응하게 하시니

주의 성령의 띠가
나로 주께 매이게 하셨나이다

주의 매임이 내게 사랑이 되니
그 사랑으로 주 앞에 서나이다

그리스도의 것으로

"나 주님의 길을 가리라

주님의 부르심 따라서..."

아~

나는 주님의 것이 되었습니다

이 떨림이

나의 가슴이 되어

나로 주님을 향한 메아리가 되게 하십니다

아~

나는 주님의 것으로 부르심을 입었습니다

이 감격이

내게 복음이 되어

극진하신 그 사랑에

나의 온 마음이 반응하여 외칩니다

주께서

나로 옷 입히시는 그날에

주의 거룩한 신부 되어

영원히 주의 집에 거하나이다

순종

너의 순종이

내 마음에 닿아 나를 기쁘게 했다

아버지

내 아버지

내게 말씀해 주셔서

너무 감사해요

내겐 힘이 없으나

늘 내 곁에서 내게 힘이 되어 주신

나의 아버지 하나님을 의지해요

아버지

사랑해요

아버지

감사해요

사랑의 눈으로

아버지
아버지는 내가 뭘 해도
사랑의 눈으로 말씀하시네

아버지
아버지는 내가 뭐라 해도
늘 그렇다 하시네

아버지
아버지의 눈에는 내가 그리도 예쁠까

나를 사랑하신 그 눈으로
내게서 당신 자신을 보셨을까

아들의 입맞춤으로
십자가의 사랑을 내게 입히시네

내 아버지
내 아버지는...

주의 은혜라

주의 자비가

하늘로부터 내게 입히어

주의 은혜 가운데로 부르시니

영원토록

주의 사랑이 나를 감싸시네

주의 부르심에

후회가 없으시니

나를 향하심이 깊고도 깊도다

주를 향한

순종의 향유를 받으시니

주님의 부요가 나를 떠나지 않네

주의 은혜로

나를 아끼시니

주의 마음이 영원토록 내 안에 있으시도다

타는 목마름으로

주 사랑의 강권하심이
타는 목마름으로
내게 다가오시니

주를 향한 끝없는 순결함으로
내 마음을 확정 지으시네

그 간절함의 소원을 담아
순한 날개짓 또한 주님이 아신 바 되어

작은 어깨위에
능력으로 옷 입히우시며
나를 일으키시네

두렵고 떨림으로
나 주 앞에 서나
진실로 두려움이 없음은

그의 진실하심이 나를 주목하심이요

주께서 이미 아신 바

나를 사랑스레 여김심이어라

주의 사랑하심이

나를 휘어 잡으시니

내 입술의 모든 말이 주 앞에 있음이요

오직

주께서 내 주 앞에 서는 그날을

간절히 사모하게 하사

나를 힘있게 하시니

내 온 마음이

주 앞에 영광으로 드리워지나이다

꽃비

내가 섰는 곳마다
내가 서는 그 자리에
주께서 은혜의 꽃 비를 내려주셨네
은혜의 꽃 내려주시네

주님의 환하신 미소가
나를 감싸 안으시니

내 발에 닿는
꽃잎도 나를 향해 미소 짓네

환하신 미소가 나의 심장을 뭉클케 하니
오호라 나는 주께 속한 자로다

주의 손이 나를 붙잡으시니
나의 마음이 동화도다

주의 날이 갈수록 나에게 다가오니
그 생명이 나를 숨 쉬게 하네

난 네가 너무 좋다

네가 나를 위해 찬양할 때
너의 작은 소리가 너무 좋다

네가 나를 향한 사랑스러운 소리로
내게 고백할 때도
난 네가 너무 좋다

난 네가 너무 좋다
그래서 나도 행복하다
너로 인한 나의 행복은 네가 된다

나를 사랑하는 네가 있어서
난 네가 너무 좋다

신부

주의 오래참으심이
나를 인내로 해산하사

그의 보좌에서
두 손으로 나를 받으시며

한량없는 은혜로
그의 안에 숨 쉬게 하시네

그의 품의 영원한 생명 책에
나로 서게 하시며

거룩한 신부의 옷을 입히시니
주의 보고를 여심이라

그의 자비의 눈시울이
나를 떠나지 아니하시니

그 생명이 닿아

영원토록 황홀케 하시네

존귀

나의 생명이
주 앞에서 뛰놀며

나의 영혼이
주의 말씀에 흔쾌하네

모든 영광과 존귀가
오직 주께 있사오니

그는 영원한 복이시며
영원한 만왕의 왕이시네

주의 존귀가
온 세상을 가득 채우시니

범접할 인생 하나 없네

주의 영원한 빛이
나를 비춰우시니

그 빛의 영롱함 안에

내가 있네

아바아버지

내 아버지의 사랑은

크시고도 크셔서

내 작은 가슴이

품을 수 없음에도 품게 하시네

그 사랑이

나를 보호하사 당신을 지키시고

그 마음의 물을 긷게 하사

그 손을 놓지 않으시네

그 눈의 바라봄이

하늘과 땅을 이어 손을 맞잡게 하시며

마주쳐 서로를 향하게 하시네

이 땅에서의 수고로움으로

그 상처마저 품으시는

아바아버지의 내어 주심이

나로 눈뜨게 하시었네

내 아버지의 사랑을...

그 사랑

주의 손이
지나가신 자리에는 생명이 피네

섬세하신 자리마다
향기로 북돋우시니

그 길마다 환하신 미소로 가득하고
빛으로 채워지네

떨리는 가슴으로 설레이게 하시니
그의 손길이 나를 어루이시네

내 발이 당신의 땅을 딛게 하시니
걸음마다 그 사랑 살포시 내려 앉으시네

벅찬 숨결이 나를 놀라게 하시니
내 주님 만날 그날로 나로 귀속하시네

내 삶의 고백

이 아침을 여시는 성령님의
순결하신 바람이 나를 일으키시네

내 삶의 고백으로
내 주 앞에 당도케 하시니

그 걸음마다
향기 되어 널리 펼치시고 펼치시네

내 주 예수님의 순결함이
내 삶의 열매 되어

타는 불꽃으로 지피사
소망으로 타오르게 하시네

연약

나의 교만함이
하늘을 가로막아 나로 짐이 되고

그 한없는 자락의 끝이
주님 가슴 멍들게 하네

내 숨의 모호함이
무릎의 복종으로 깨닫게 하사

더 깊은 향연 속으로
주님과 더불어 물들게 하네

주께서 눈물로 안으시니
나의 연약함마저 온전히 주의 것이 되네

광휘

새벽녘 찬란한 빛이

내게로 임하사

눈부시게 아름다운

주님의 이름이 나를 떨리게 하시네

그 빛에

내 마음이 녹아드니

주의 찬란하심의

겉옷으로 나를 감싸시네

오직 한 걸음으로

주 앞에 달려드니

내 주님 가득한 미소가

나를 만족해하네

그 안에 나 영원히 거함으로

주님 안에서 뛰놀게 하시니

내 평생의 낙이

오직 주의 광휘로 찬란함이라

고백

주님!

상하신 그 마음이 제게 다가와
알 수 없는 미움 가득
주님의 고통 속에 여린 제가 슬퍼집니다

무엇이 저들을 메마른 심령으로 떨어뜨려
주님 말씀에까지 기록되게 하셨을까요

주님!
나의 눈물 또한 부끄러움으로 주 앞에 서니
감추어지고 감추어진 보물을 내게 꺼내어
작은 치마폭에 살며시 올려 놓으시네

오직 주 앞에 바램이 한 길을 내시어
주의 심장 가운데로 파고들게 하시니
그 뜨거움으로 나로 불타오르게 하시네

나의 사랑 주님께서 한껏 크신 소리로

내 이름을 부르시는 그날에

나의 온 마음을 재촉함으로 주님의 발 앞에

엎드려지나이다

나의 영원하신 주님 앞에

작은 영혼의 사랑을 담아

나의 숨결마저 고귀하신 그 품으로 품으시니

주님 앞에 나아가 나 아련히 독대하나이다

바울의 기도

누군가를 위한 간청이
내게 있다면...
나는 서슴치 않고
당신을 말할 것입니다

나의 심장을 떼어
보낼 누군가가 있다면
그 또한 서슴치 않고
나는 당신을 말할 것입니다

나의 온 마음이
당신을 향한 주님의 사랑이기에
당신의 모든 것은
이미 나의 일부가 되었습니다

나의 사랑 오네시모
당신을 향한
나의 소원의 특별함이 묻어
내 주를 향한 애틋한 빛으로 살아주오

나의 기도가 간구가 되는 날에

그 믿음 나의 기쁨이 되어

그의 면류관의 빛이 더욱 빛나시리니

나 그 옆의 빛으로 영원히 서리라

내가 누구이관대

주님
내가 누구이관대
주께서 나를 측은히 여기시며
돌아보시나이까

보잘 것 없는
작은 인생에 주의 시선을 주시고
주의 마음으로 살피시니

나의 시선 또한 주께로 고정되길 바라고
바라나이다

돌이킬 수 없는 마음을
잠재우시고
주님을 향하게 하시니
그 또한 내게 주신 주의 은혜요
사랑이시니이다

"내가 주의 곁을 떠나 어디로 가니이까"

나의 밤낮의 고백이

주의 전에 들리우니

주의 관심이

온통 나로 곤두세우셨나이다

주밖에 아무 의지가 없는 나를 돌아보사

진리의 허리띠로 단단히 묶으시니

주 앞에 떨림으로 나아감이

내게 기쁨의 옷을 입게 하시나이다

내 주님을 향한

내 주님이 너무나 좋습니다
아침마다 나로 새롭게 하시고
주의 곁에 나를 두시니
내 인생의 빛이 주님으로 말미암아
아름답습니다

주께서 숨겨 놓으신 보화들을 꺼내사
내게서 그것들로 입히시니
초라한 나의 궁전에서 내 주님을 향한
마중물이 되게 하셨나이다

내 눈물이
주의 지성소에서 빛나게 하시니
한날의 숨 또한 주 앞에 즐거움이 되어
영원하신 날들을 내게 약속하셨나이다

나의 영원하신 왕

나의 주님께서...

기도

주님!

나의 눈이

세상의 가치에 매이지 않게 하사

세상의 모든 조롱에서

능히 이기게 하옵소서

고귀하신 주님의 가치를 따라

나의 관점이

주님의 관점으로 물들게 하옵시고

주의 신실하신 말씀을 상고하되

깊이의 통찰과 집념으로 인내케 하사

주의 말씀의 꿀이 닿는 곳으로

나를 인도하소서

오직 주를 따름으로

나의 소원함이

주께 민첩함으로 내달리게 하사

잊혀짐의 풍만함을 갖추게 하옵소서

내 주께로만

나의 마음이 정하게 하사

주께서 함께 하심으로

내 어디로 가든지 주와 함께 영원토록

믿음의 경주자로 서게 하옵소서

아름다움

주님의 빛이 내게 다가와
나를 채우시고 어루이시니
주님의 아름다움이
내 속에 가득 넘치시네

나의 영혼을 강건케하사
무너지지 않으시는
신실하심으로 지키시니
그 사랑 벅참이 나로 힘있게 하시네

주의 섬세하신 선율이
나를 빚으시며
그 순수하심으로 영원히
주의 장막에 머묾의 향기로 돋우시네

주 앞에 돌아갈 그날을 꿈꾸며

주의 그 품을 향하여

나의 온 열정은 주와 함께 꿈꾸고

주와 함께 일어나며 주와 함께 달려가네

나 영원히 주의 아름다움으로 서리

거룩한 침묵

주님
내 안에 거룩한 의를
도무지 찾아 볼 길이 없어
주님의 귀한 말씀 속으로 파고듭니다

아무리 찾고 찾아도
그 고귀함의 끝이 보이지 않으니
내 속자락은
타고도 타고도 알 수가 없습니다

주께서 은혜의 눈을 열게 하사
주의 말씀의 기이함을
어린 종으로 깨닫게 하사
그 말씀이 나를 주장하게 하옵소서

내 안에 거룩함의 빗장을 채우소서
마르지 않는 신령한 샘물이 흘러
시내가 되고 강이 되어 깊은 바다로
넘치게 하소서

그 안에 나로 넘치게 하사

주의 빚음이 보화 되게 하옵시고

주의 날에 주의 품에서

주의 작은 신부로 영원토록 살게 하옵소서

주님 오실 날을 기다리며...

당신을 만질 수 있다면,
당신을 볼 수 있다면...

당신을 만질 수 있다면,

당신을 볼 수 있다면...

나는 지금 당신의 곁에 두신

요한사도가 참 부럽습니다

늘 당신의 품에 기대어 당신의 말씀을

가슴에 새기는...

당신을 만질 수 있다면,

당신을 볼 수 있다면...

나지막한 목소리로 그들에게 들려주시는

고요함 속에 거대한 담론으로

그들을 이끌어 내시는

당신이 오늘 참 많이 보고 싶습니다

당신을 만질 수 있다면,

당신을 볼 수 있다면...

단 한순간도 당신의 손은

당신의 사람들을 잃지 않으셨기에

나 그들 속에서 당신의 흔적을 찾아 뒤척입니다

당신을 만질 수 있다면,

당신을 볼 수 있다면...

나의 간절함의 끝이 당신의 가슴에 닿아

당신의 눈은 나를 바라보시고

당신의 손은 나를 마주 안으십니다

당신을 만질 수 있다면,

당신을 볼 수 있다면...

내가 맞이하는 이 하루가...

내일 당신을 만나는 통로이기에 나 묵묵히

당신께서 내게 남기신 그 길을 따라갑니다

나의 영원하신 사랑 내 주 되신

예수 그리스도께로...

오직
너 하나님의 사람아

애야
내가 널 얼마나 사랑하는 줄 아니?
네가 눕고 서는 모든 것에
나의 눈길은 너를 향해 있단다

때론
너의 그 억울함의 투정도
나의 자녀들을 살피는 네 마음도
너의 고심과 인내로 이겨냄의 끝에도

나는 여전히 너와 함께 있고
너와 함께 하기를 원한단다

애야
내가 널 얼마나 사랑하는 줄 아니?
새벽녘 아무도 일어나지 않는 그 시각에
나를 찾아 오롯이 나만 바라봄도
너의 숨결 하나 나는 너를 떠난 적이 없단다

때론

네가 누군가로 인해 아파할 때도

심한 통곡으로 너를 촉구하는 경성함에도

오직 위에 것에 소망을 찾는 기다림의 끝에도

나는 여전히 너와 함께 있고

너와 함께 하기를 원한단다

오직

너 하나님의 사람아

나는 여전히 너와 함께 있고

너와 함께 하기를 원한단다

풀꽃

여린 풀꽃 숨결에도
그분의 눈길은 머무르시고

치마폭으로 이는 바람에 흔들리는
연약함에도
그분께서 생명줄 놓지 않으시네

당신의 사랑의 끝은 어디실까

당신께서 머무르시는 그 시선 안에
푸르름으로 일어나게 하시고
여민 옷깃마저 춤추게 하시네

당신의 입맞춤의 생기가
새 생명이 되고 한날 이는 꽃 내음도
당신께로 노래가 되네

당신의 손길이 머무시는 그 자리가

나의 궁전이 되니

내 영원토록 당신 품에 거하리로다

내 이름 아시는 그분께서

내 아버지!

내 이름 아시는 그분께서
나를 아끼고 아끼사
그의 극진하신 품에서
놓지 아니하시고

머물기를 원하시매
나 또한 주 앞에 머묾이 끝없네

나를 향한 주의 바라봄의 마음이
내 심장을 뚫어
극진히 내게 쏟아 내시니
주의 사랑 표현한 길 내겐 없네

꿈결로 마주하신 그분께서
그 쉼으로 나를 이끄시니
그 음성이 나로 잠잠케 하네

내 평생에

나의 발자욱 머묾을 두신

그분에게로

나의 즐거움 또한 한량없으리

머묾

이른 새벽
당신의 숨결의 향기가
나로 당신을 바라보게 하시니

육신이 우리 가운데 거하시매
아버지의 사랑의 옷을 입으시고
그 사랑으로 나를 채우시네

그 숨결이
서로 사랑하게 하시니
주 앞에 두려움이 없는 온전함이

당신을 향한 그 시선으로
나를 머물게 하시며 지탱케 하시니
그 끝자락에 영원하신 당신이 서 계시네

오직 예수 그리스도의 옷으로
나를 품으시니
그 그리움이 내게 영원토록 언약되시네

주님의 십자가

날 위해 지신 주의 그 십자가는
온 땅이 어두움에 드리워질 정도의
아픔과 아버지의 슬픔이셨네

그 슬픔의 끝이
나를 살리시고,
그 보혈이 나를 죽음에서 살리서서
생명으로 일으키셨네

주님의 흘리신 물과 피는
우리를 모든 죄에서 구원하셨으니
나 그 뜨거움으로
내게 지신 복음을 향하여 나아가리

내 주님께서 서신 그 자리를 향하여

왕이신 나의 예수님

왕이신 나의 예수님

주님의 홀연한 빛은
세상의 어느 것보다 찬란하사
나의 심장이 오직 당신만을 바라보게 하십니다

당신의 입의 말씀은
나에게 달디 단 꿀송이보다 더 달고 진귀해서
내 마음이 당신 앞에 늘 떨림으로 나아갑니다

당신의 모습은
순금보다 아름다워서
그 빛의 황홀함이 나의 마음을 녹이는
용광로보다 더 완전하십니다

나는 영원토록 당신의 말씀으로 가득 차며

당신께서 내게 이끄시는 그 길을 향하여

달려갈 것입니다

존귀하신 나의 영원하신 왕 나의 예수님께

내 사랑하신 이

내 사랑하신 이
날 위해 온 몸을 아끼지 아니하시고
온 마음을 내게 주셨건만

내 금식의 이유는
내 사랑하는 이를
내게서 빼앗기지 않으려 함이라

이 세상
그 어떤 것으로도 채울 수도 없고
만족함도 없는 내 삶의 고백에서

주께서
아무런 말씀 없이 내게 요구하신 은혜

그 은혜가 나의 눈물을 자아내듯
사사로운 모든 늪에서 나를 건지시니

내 결단코

내 사랑하는 주를 빼앗기지 아니하니라

영광

빛 되신 주님께서
나를 부르사
그의 영광의 찬송이 되게 하셨으니

그의 빛이 나를 감싸
주의 속량이 되게 하셨네

그 아들 예수 피 값의 인치심으로
그 사랑 내게 두셨으니

영원토록 주의 영광의 빛으로
자랑하게 하시네

주의 충만하심의 가득함이
진리로 이끄시니

그 벽참의 마중마저
나로 영광의 찬송되게 하시네

애잔

너의 마음을 담아
내게로 띄운 먹먹함이
오늘 나의 눈시울을 적시우고

나를 향한 너의 애절함은
천국의 소망을 꽃피우네

한 잎 한 잎 여린 꽃 잎새에
파르르 떨리는 입술의 기도가

애잔하게 내게로 닿아
내 마음 또한 너에게 한 걸음 달음질하네

너의 기도의 향기가
나의 성전을 숨 쉬듯 물들이고,

나의 빛이 너를 감싸 안는구나
나의 사랑 나의 어여쁜 자야

사랑의 숨결

한겨울 꽃잎 같은 네가 다가왔다
추위를 에워싸던 한 폭의 옷을 내어

시리도록 추운 가슴을 녹여 준 너는
바람의 손사래에도 아랑곳하지 않고

따스한 작은 봄볕이 되어
나에게 움트임이 된다

그 깊은 마음이 되어 준 너는
나의 작은 사슴 되어

너의 향기 끝에 머묾이 된다
나의 사랑의 숨결로

눈

까아만 눈동자 속에
비추어진 또 다른 나

네 눈 속엔 내가 있고
내 눈 속엔 네가 있네

물끄러움이 가슴 뛰게 하는
봇물처럼

상냥스레 말끔한 너의 해맑음이
나로 향기 나게 한다

사랑스레 피어나는
하늘 속 구름처럼

달콤함

주의 말씀의 달콤함이
내게로 와서 입 맞추네

그 입술이 향기로운
꿀송이가 되어

설레이듯 한 절 한 절
가슴 속 떨리우고

견고함으로 내려앉아
나의 깊은 숨이 되네

나를 향한 당신의 길들임이
나로 거룩한 날개를 펴

한껏 당신의 품 안에서
세상 속 외침으로 서게 하시네

끝없는 당신의 사랑 앞에

나 영원히 당신의 숨으로 살리

바라봄

작고 여린 꽃잎
너의 아름다운 자태가

거대한 나무의 가지
해산의 수고로 뚫고 나온

또 하나의 숨결이 된다
그리고 내가 된다

바람 속 고귀함
너의 생명이 환하게

나를 향하고
너를 향하게 하는구나

영원에 이르도록
내 품에서의 숨결

나의 사랑을 입은 자여

나를 앓이 너의 삶이 되고

바라봄으로 춤추리라

멈춤이 없는 나의 기도

주님!

누군가의 마음이 깊음 중에
울고 있음을 알았습니다

너무나
괴로워서 자신을 감당치 못하는
그 소리가
이제야 들려옵니다

제게 아버지의 마음을 주시옵소서

거룩한 기도의 무릎과
고귀한 기품의 정신을

더 이상 무너질 수 없는 보루 속에
아버지의 인내로 바로 서게 하옵소서

그 기다림에서

나도 함께 울 수 있고, 웃을 수 있는

그래서 그 끝 날에도

주님 곁에 나란히 설 수 있는

아름다움으로

오늘도 그리고 내일도 바라보게 하옵소서

이 새벽이 주 앞에 있음을

나로 멈춤이 없는 진일보로 세우소서

오직 주 바라기로

그 눈길과 마음을 한 아름 품고 닫게 하옵소서

내 주의 주 되심이

나로 고요케 하옵소서

오늘을 늘 마지막으로 알고

마음껏 사랑하게 하옵소서

내 주 되신 예수님의 이름으로 기도합니다

여울꽃

어느 맨땅 위에 살며시 눈으로 피어난 넌
꽃잎 매무새로 수수한 단장을 하고

여린 줄기를 의지해 기대기를
한소끔 자리를 굳히고

한 조각 한 조각 밀어내는 빠른 물살마냥
어느새 또 다름이 되어 비움이 되네

작은 너를 혹여나 잊을까
내 맘에 두고 두지만

아무런 남김없이 너의 길 위에서
나의 바램이 되어가네

작은 손가에서
이젠 너를 내려놓아

원래의 본향 집으로

네가 빛나길 사모하며

선물

주님
제게 주님의 특별한 선물을 주셔서 감사해요

제게 주신 사람들을 사랑해요

때론
제가 주님을 이해할 수 없을지라도

주께서 제게 베푸신
그 사랑 안에 제가 있어요
그리고 우리가 있죠

우린 그 사랑 안에서
주님을 바라봐요

그가 앉은 자리에
작은 제가 앉고
그의 시선으로 주님을 바라보죠

사랑하는 주님의 마음이

제게 고스란히 담겨

아버지의 가슴을 전하는 자로

살아내게 제 삶을 이끄소서

주님 너무나 사랑해요

나의 사랑하는 주님 앞에서

지금 너도 너무 괜찮은데

한동안 한숨도 쉬지 않고
내달리던 네가

늘 안쓰러워 내 가슴에 채웠는데

이제서 쉼 속에서 나를 바라보는
너를 보네

얼마나의 기다림일까

근데
난 지금 너도 너무 괜찮은데

두려워하지 말고, 놀라지 말고
내가 너와 함께함을 느껴 주겠니

난 늘 너와 함께 하기에
너를 바라보는 것만으로도 너무 행복하거든

그러니

이젠 내가 널 보는 것처럼

나도 봐 주면 넘 좋겠다

잔잔함

후루룩 떨어지는 소낙비 가운데
울려 퍼지는 어미 오리의 품 안

깃털 한 올 한 올에
튕겨져 나가는 고요함 속의 새끼 오리들

그 모습이 내 모습이네
비춰어지고 눈에 도장을 찍듯

가슴 속 은은한 메아리
주님의 가슴은 늘 내어 주시네

요동치듯 분주함에 밀려
훌쩍 나의 공간 안으로 밀어 넣어...

숨 쉬길 외치는 폭풍 속에
잔잔함의 위로가 나를 찾아오시네

그분의 눈길은 나를 향하시고

그분의 품은 나를 안으시니

나 영원히

그분의 고요 속에 잠들리라

감사의 글

언제나 내 옆에 있는 것만으로도 힘이 되어 준 나의 남편이자 동역자 김충환 목사님, 신학의 모든 과정을 감사함으로 달려가고 있는 믿음의 용사 예쁜 큰 딸 은진이, 나와 함께 손과 발을 맞추어 주님을 향해 같은 방향으로 나아가는 나를 닮은 둘째 딸 은경이, 늘 행복한 미소로 나를 활짝 웃게 하며, 시집을 낸 나에게 고맙다고 말하는 멋진 막내아들 우리 충신이, 그리고, 묵묵히 나의 가는 길에 응원과 힘이 되어 준 내 동생 은주, 또한, 주님을 바라봄으로 뜨거운 가슴이 되어 준 주예수사랑교회 성도님들, 나의 멘토이자 최고의 스승이신 이우제 원장님, 함께 배움의 길에서 서로가 서로에게 힘이 되어 준 백석대학교실천신학대학원 선·후배목회자님들과 우리 21학번 동문님들... 늘 아낌없는 사랑과 응원으로 내게 늘 힘찬 지지자가 되어 주신 숭실사이버대학교 이호선 교수님께 감사의 마음 올려드립니다.

또한, 이 시집을 읽으며 함께 한마음으로 주님을 기뻐하는, 주님의 기쁨이 되는 나의 믿음의 동역자들께도 주님의 축복이 임하시길 간절히 소망합니다~

끝으로, 출판에 온 힘을 쏟아 성심성의껏 애쓰신 좋은땅 출판사의 모든 임직원분들께도 감사의 예를 올려드립니다.

고맙습니다.
그리고 감사합니다...

2024. 9. 30.

주예수사랑교회 오은정목사 올림

나의 숨결이 당신을 향한
고백이 되다

초판 1쇄 발행 2025년 1월 10일

지은이   오은정
펴낸이   이기봉
편집   좋은땅 편집팀
펴낸곳   도서출판 좋은땅
주소   서울특별시 마포구 양화로12길 26 지월드빌딩 (서교동 395-7)
전화   02)374-8616~7
팩스   02)374-8614
이메일   gworldbook@naver.com
홈페이지   www.g-world.co.kr

ISBN   979-11-388-3912-9 (03230)